KINDER FRAGEN . . .

Wie baut man ein Haus?

TIME LIFE KINDER-
BIBLIOTHEK

AMSTERDAM

Inhalt

Wie baut man ein Haus?

Ein Haus zu bauen ist recht kompliziert. Zuerst muß man einen geeigneten Bauplatz finden. Dann werden Zeichnungen angefertigt, die zeigen, wie das Haus aussehen soll. Anschließend sind Maurer, Zimmerleute, Maler und Elektriker damit beschäftigt, das Haus zu errichten, die Wände zu streichen und die Leitungen zu legen. Alles muß fertig sein, bevor eine Familie in ihr neues Heim einziehen kann.

Versuch's mal selbst!
Wie soll dein Haus aussehen?
Male dein Traumhaus auf Papier,
oder baue ein Haus mit Bauklötzen!

5

Woher wissen die Bauarbeiter, wo welcher Raum sein soll?

Sie richten sich nach einem Plan. Bevor die Bauarbeiten beginnen, fertigt ein Architekt eine ganz genaue Zeichnung von dem Haus an, die man Bauplan nennt. In dem Bauplan kann der Polier, der die Bauarbeiten überwacht, sehen, wo die Bauarbeiter die Außenwände, das Dach, die Zwischendecken und die einzelnen Zimmer sowie die Treppen, Türen und Fenster hinsetzen sollen.

WOHN-ZIMMER

SCHLAF-
ZIMMER

KINDER-
ZIMMER

BAD

7

Womit beginnen die Bauarbeiten?

Zunächst braucht das Haus einen stabilen Untergrund, ein Fundament, damit es nicht in den Boden absackt. Für das Fundament wird zuerst eine Grube ausgehoben, die ganz eben sein muß. Dorthinein wird Beton gegossen, so daß ein fester, stabiler und gleichmäßiger Unterbau für das Haus entsteht.

Wenn das Haus einen Keller haben soll, bauen die Arbeiter für die Kellerwände Holzrahmen, in die sie anschließend Beton gießen. Die Kellerwände können auch aus Ziegelsteinen gemauert werden.

Ist das nicht viel zu klein für mich?

8

Wußtest du . . .

. . . daß sich die Mischtrommel eines Betonmischers ständig drehen muß, damit der Beton darin nicht fest wird?

9

Wie werden die Wände errichtet?

Die Außenwände eines Hauses werden entweder mit Ziegeln gemauert, aus Beton gegossen oder aus Holz errichtet.

Für Holzwände sind Zimmerleute zuständig. Zuerst verlegen sie einen Holzboden. Dann machen sie sich daran, die Balken für die Wände abzumessen und zurechtzusägen. Sie nageln die Balken für die Wandrahmen zusammen. Wenn der Rahmen mit dem Bauplan des Architekten übereinstimmt, stellen sie ihn auf und befestigen ihn mit kräftigen Schrauben. Dann nageln sie daran Wandplatten. So entsteht eine Hausseite nach der anderen.

Hihi, das kitzelt!

10

Wußtest du . . .

. . . daß es heute auch Häuser aus Fertigbauteilen gibt? Die Häuser sehen dann genauso aus, wie das Musterhaus, das man sich angesehen hat.

Und wie entsteht das Dach?

Wenn die Mauern und Innenwände errichtet sind, erhält das Haus ein Dach. Es schützt die Bewohner vor Regen und Schnee.

Zuerst bauen die Zimmerleute aus Balken ein Gerüst, den sogenannten Dachstuhl.

Dann nageln sie Holzplatten auf die Balken.

Als nächstes decken sie das Holz mit Dachpappe ab. Sie schützt das Holz vor Feuchtigkeit.

12

Wußtest du . . .

. . . daß jede Schindel auf dem Dach die nächsttiefere Schindel ein Stück überlappt? So kann kein Regen zwischen die Schindeln geraten. Statt in das Dach einzusickern, fließt das Wasser davon ab.

Zum Schluß verlegt
der Dachdecker
die Schindeln.

13

Wie werden die Fenster eingesetzt?

Die Bauarbeiter haben in den Mauern und im Dach des Hauses Öffnungen für die Türen und Fenster gelassen. Wenn die Mauern und das Dach fertig sind, werden die Türen und Fenster eingesetzt. Die Fenster werden vom Glaser angeliefert. Beim Einsetzen benutzt der Glaser eine Wasserwaage, mit der er prüfen kann, ob die Fenster auch wirklich ganz gerade in der Öffnung sitzen.

Versuch's mal selbst!

Lege eine Murmel auf ein Fensterbrett. Wenn sie liegenbleibt, ist das Fenster gerade eingcsetzt. Wenn sie rollt, ist der Rahmen schief eingesetzt.

15

Wie baut man einen Schornstein?

Den Schornstein bauen Maurer aus Ziegelsteinen und Mörtel. Sie setzen die Ziegelsteine in Reihen aufeinander und verbinden sie mit feuchtem Mörtel. Damit das Mauerwerk stabil ist, werden die Steine versetzt aufeinandergelegt. Wenn der Mörtel getrocknet ist, sind die Ziegelsteine ganz fest miteinander verbunden. Der Schornstein ist nun so stabil, daß Wind und Wetter ihm nichts anhaben können.

16

Wußtest du . . .

. . . daß Ziegelsteine aus Ton bestehen, der aus dem Boden ausgegraben wird? Der Ton wird zu gleichmäßigen Blöcken geformt und in großen Öfen gebrannt, damit er hart und fest wird.

Was geschieht mit diesen Kabeln?

Elektriker verlegen die Kabel in den Wänden. Sie schieben sie durch Löcher im Holzrahmen und führen sie zwischen den Fußböden und Decken entlang. Jeweils ein Ende dieser Kabel führt zu einem dicken Hauptkabel, das den elektrischen Strom ins Haus bringt. Das andere Ende führt zu einem Schalter, mit dem man den Strom an- und ausschalten kann.

Wußtest du . . .

. . . daß Steckdosen, Kabel und Elektrogeräte nicht zum Spielen da sind? Am besten rührst du sie überhaupt nicht an.

19

Wofür sind all diese Rohre da?

Sie leiten Wasser zu den Waschbecken, Toiletten und Badewannen. Durch die dünnen Kupferrohre kommt frisches Wasser, das zum Kochen, Waschen und Trinken benötigt wird. Und durch die dickeren weißen oder grauen Kunststoffrohre fließt das schmutzige gebrauchte Wasser ab. Die Rohrleitungen werden von Klempnern in den Wänden und unter den Böden verlegt. Die einzelnen Rohrstücke müssen gut miteinander verbunden werden, damit es keine Leckstellen gibt.

Seemann ahoi!

Wußtest du . . .

. . . daß nicht durch alle Rohre Wasser geleitet wird? In einigen Häusern gibt es auch Rohre, durch die Gas zum Kochen oder Heizen strömt.

20

Wie wird ein Haus beheizt?

Viele Häuser haben im Keller oder im Erdgeschoß einen Heizkessel, der Wärme erzeugt. Ein Heizkessel ist ein großer Metallbehälter, der mit Hilfe von Gas oder Öl Luft erhitzt. Es gibt auch Heizkessel, in denen Wasser zum Kochen gebracht wird, bis es sich in Dampf verwandelt. Die heiße Luft oder der Dampf steigt durch spezielle Leitungen auf und heizt so die Räume im Haus.

Wußtest du . . .

. . . daß die Hohlräume in den Wänden und Decken mit Isoliermaterial ausgefüllt werden? Dieser Stoff wirkt wie ein warmer Pullover – er hält die Wärme im Haus.

23

Kann ein Haus umziehen?

Es gibt Häuser, die von einem Ort zu einem anderen bewegt werden können. Solche Häuser wurden auf einem Rahmen errichtet. Um sie versetzen zu können, braucht man aber Geräte und Fahrzeuge mit sehr starken Motoren und Menschen, die kräftig zupacken.

Zunächst müssen ein Klempner und ein Elektriker die Wasser- und Stromversorgung des Hauses abschalten. Als nächstes heben Arbeiter rund um das Haus einen tiefen Graben aus und trennen das Haus von seinem Betonfundament. Dann wird das Haus von einem Kran vorsichtig auf einen Tieflader gehoben. Eine Zugmaschine schleppt es nun an seinen neuen Standort.

Warum sehen Häuser so verschieden aus?

Das liegt daran, daß die Menschen unterschiedliche Baustile schön finden und unterschiedlich viel Geld für den Hausbau zur Verfügung haben. Die einen bauen sich ein einfaches, kleines Haus, die anderen ein prächtiges, großes Haus. Es liegt aber auch an den vielen verschiedenen Baumaterialien, die zur Auswahl stehen:

Holzhäuser sind mit Holzbrettern oder Holzplatten verkleidet.

Für Natursteinhäuser wird Felsgestein zu gleichmäßigen Steinen gehauen, und diese werden mit Mörtel aufeinandergesetzt.

Für ein Backsteinhaus werden Tausende von rechteckig geformten Ziegelsteinen benötigt.

Blockhäuser bestehen aus Rundhölzern, die waagerecht aufeinandergeschichtet sind.

Lehmhäuser bestehen aus Lehmziegeln, die in der Sonne getrocknet wurden.

27

Warum sind Leuchttürme so hoch?

Damit sie von der Ferne zu sehen sind. Hoch oben an der Spitze eines Leuchtturms ist ein großes Licht, an dem Schiffe draußen auf dem Meer erkennen können, wie weit es bis zum Land ist.

Früher lebte ein Leuchtturmwärter im Leuchtturm, der das Licht an- und ausschaltete. Heutzutage steuert das ein Computer.

Warum steht dieses Haus auf Pfählen?

Häuser am Strand sind so gebaut, daß sie auch dann sicher sind, wenn das Wasser bei stürmischer See den Strand überspült. Solche Häuser nennt man Pfahlbauten. Bei Sturm kann das Wasser unter das Haus hindurchfließen, aber es gelangt nicht hinein.

31

Gibt es auch heute noch Burgen?

Ja, es gibt bei uns noch eine große Zahl von Burgen, die du größtenteils auch besichtigen kannst. Die Burgen dienen allerdings nicht mehr wie früher als Wehranlagen, in denen Ritter, ihre Familien und ihre Soldaten Schutz vor Feinden fanden.

Steinmetzen hauten aus Felsen mächtige Steinbrocken zurecht, die ein ganzes Heer von Arbeitern dann heranschleppten und zu gewaltigen Mauern und Türmen aufschichteten.

Wieso wächst dort Gras auf dem Dach?

Weil das Haus in die Erde gebaut ist. Erdhäuser werden meistens in die Seite eines Hügels gegraben. Die Erde, die das Haus umgibt, hält die Räume im Winter warm und im Sommer angenehm kühl. Manchmal ist auch das Dach von Erde bedeckt. Kannst du dir vorstellen, daß auf eurem Dach Gras wächst? Dann würde es hin und wieder heißen: Höchste Zeit, das Dach zu mähen!

Was ist ein Gewächshaus?

Ein Gewächshaus ist ein idealer Platz für Pflanzen. Weil die Wände und das Dach aus Glas oder durchsichtigem Kunststoff sind, kann die Sonne hineinscheinen. Ihr Licht und ihre Wärme tun den Pflanzen gut und lassen sie prächtig gedeihen.

Manchmal wird es für die Pflanzen im Gewächshaus zu warm. Dann müssen die Türen oder Klappen im Dach geöffnet werden, um kühle Luft hereinzulassen.

Wie hält sich dieses riesige Dach?

Das Dach dieses Stadions wird von vielen Stahlstangen getragen. Die Stangen sind so miteinander verbunden, daß sie wie ein riesiges Spinnennetz aussehen. Alle Teile dieses Netzes sind mit Stahlplatten abgedeckt. Das Ganze ist noch mit einer Kunststoffhülle überzogen, damit die Kuppel wasserdicht ist. Es gibt aber auch viele Stadien, die oben offen sind und nur über den Tribünenplätzen eine Überdachung haben.

Haben Häuser Knochen?

Das kann man so sagen. Die Knochen in deinem Körper bilden zusammen dein Skelett. Sie geben deinem Körper seine äußere Form und seine Stabilität.

Auch hohe Gebäude haben ein Gerüst, das sie stützt. Ihre „Knochen" sind Stahlstangen. Diese sogenannten Träger stützen die Wände, Böden und Decken. Ohne solche Träger könnte man sehr hohe Häuser, wie die Wolkenkratzer, gar nicht bauen.

Wie hoch ist das höchste Haus?

Das bis heute höchste Gebäude der Welt ist der Sears Tower in Chicago in den USA. Auch das zweithöchste und das dritthöchste Haus steht in Amerika. In jedem dieser Gebäude wohnen und arbeiten so viele Menschen wie in einer kleinen Stadt.

Die Bauwerke der Zukunft werden vielleicht noch höher sein. Ingenieure arbeiten daran, stabilere Baumaterialien und neue Techniken zu entwickeln, um noch höher bauen zu können.

Ich will auch hoch!

mpire State Building
New York
81 m (102 Stockwerke)

World Trade Center
New York
411 m (110 Stockwerke)

Sears Tower
Chicago
442 m (110 Stockwerke)

43

Warum wird das Haus abgerissen?

Irgendwann werden Häuser alt und baufällig. Viele alte Gebäude können wiederhergerichtet und weiter genutzt werden. Andere werden abgerissen, um für Neubauten Platz zu machen. Zu diesem Zweck werden schwere Maschinen eingesetzt.

Zuerst zertrümmert ein hoher Kran mit einer Abrißbirne aus Eisen die oberen Stockwerke. Dann schafft ein Bagger die Steintrümmer und den Schutt fort. Als nächstes reißen Bulldozer den unteren Gebäudeteil ein. Zuletzt fahren Kipplaster den Bauschutt ab.

Rührt mich nicht an!

Und wie lange hält unser Haus?

Ein Haus, das aus soliden Materialien fachmännisch gebaut ist und instand gehalten wird, kann viele, viele Jahre alt werden. Es können Großeltern, Eltern und Kinder ihr Leben lang darin wohnen.

TIME-LIFE for CHILDREN®

Managing Editor:	Patricia Daniels
Editorial Directors:	Jean Burke Crawford, Allan Fallow, Sara Mark
Senior Art Director:	Susan K. White
Special Contributors:	Barbara Klein, Tom Neven, Anne E. Parrish
Researcher:	Jocelyn Lindsay
Writer:	Andrew Gutelle
Designed by:	**David Bennett Books Ltd**
Series design:	David Bennett
Book design:	David Bennett
Art direction:	David Bennett
Illustrated by:	Michael Reid
Additional cover illustrations by:	Nick Baxter

DEUTSCHE AUSGABE:

Redaktionsleitung:	Marianne Tölle

Aus dem Englischen übertragen von Andrea Hamann

Titel der Originalausgabe: *Do Buildings Have Bones? – First Questions and Answers about Buildings*

Authorized German language edition © 1995 Time-Life Books B.V., Amsterdam
Original U.S. edition © 1995 Time Life Inc. All rights reserved.

ISBN 90-5390-625-8

Time-Life is a trademark of Time Warner Inc. U.S.A.

Satz: Utesch Satztechnik GmbH, Hamburg
Druck und Einband: Artes Gráficas Toledo, S.A., Spanien
D.L.TO: 99-1995

30 29 28 27 26 25 24 23 22 21 20 19 18 17 16 15 14 13 12 11 10 9 8 7 6 5 4 3 2 1

Berater

Dr. Lewis P. Lipsitt ist ein international anerkannter Psychologe, der sich besonders mit der kindlichen Entwicklung befaßt. 1990 wurde er mit dem Nicholas Hobbs Award für Wissenschaft im Dienste der Kinder ausgezeichnet. Er war bis vor kurzem wissenschaftlicher Direktor der American Psychological Association und ist Professor für Psychologie und Medizin an der amerikanischen Brown University, wo er dem Child Study Center vorsteht.

Dr. Judith A. Schickedanz ist Associate Professor für Vorschulerziehung an der Boston University School of Education, wo sie auch das Early Childhood Learning leitet. Zu ihren Veröffentlichungen zählen *More Than the ABC's: Early Stages of Reading and Writing Development* sowie mehrere Lehrbücher und zahlreiche Fachaufsätze.